¡Esto sí está bien!

Carmen Delfino
ilustrado por Ivanke & Lola

I0799182

Pasa, mona.

Toma pan de nata.
Es sano.

¡El pan de nata está
en el piso!

No, eso no está bien, mona.

Pasa, panda.

Toma pan de nata.
Es sano.

¡El pan de nata está
en el piso!

No, eso no está bien, panda.

Pasa, poni.

Toma pan de nata.
Es sano.

¡El pan de nata está en el piso!

No, eso no está bien, poni.

Mamá nota todo.
Ella nos da una mano.

¡Esto sí está bien!